1865 (28 Janvier)

(201e)

CATALOGUE

DE BELLES

ESTAMPES

GRAVÉES AU BURIN

La plupart épreuves d'artistes avant la lettre et sur Chine

PAR LES PRINCIPAUX

GRAVEURS MODERNES

MANIÈRE NOIRE

Lithographies

EN NOIR ET EN COULEUR

QUELQUES TABLEAUX

DONT LA VENTE AURA LIEU

HOTEL DES COMMISSAIRES-PRISEURS

Rue Drouot, n° 5

SALLE N° 3, AU 1er ÉTAGE

Le Samedi 28 Janvier 1865, à une heure précise.

Me **DELBERGUE-CORMONT**, Commissaire-Priseur,
rue de Provence, 8,

Assisté de **M. VIGNÈRES**, marchand d'Estampes,
Rue de la Monnaie, 13, à l'entresol, entrée rue Baillet, 1,
Chez lequel se distribue le Catalogue.

EXPOSITION PUBLIQUE AVANT LA VENTE

PARIS — 1865

201. Springer

ORDRE DES VACATIONS

Vignettes, etc......... 138 à 145
Estampes au burin..... 1 à 137
Lithographies......... 146 à la fin.

Les Tableaux à quatre heures.

CONDITIONS DE LA VENTE

Elle sera faite au comptant.

Les Acquéreurs paieront CINQ POUR CENT en plus des enchères applicables aux frais.

M. VIGNÈRES, dirigeant la Vente, se charge des Commissions.

NOTA. Toute commission sans prix fixé ou sans limite déterminée sera regardée comme nulle.

M. VIGNÈRES se charge de faire marquer les prix aux Catalogues des ventes qu'il a faites. Les personnes qui le désirent peuvent s'adresser à lui *franco*.

Les Catalogues des Ventes à faire seront envoyés à toute personne qui en fera la demande *affranchie*.

AVIS. — Nous prions MM. les Amateurs éloignés de ne pas attendre au dernier jour, pour que les lettres arrivent le matin de la vente ; ils comprendront que quelques lettres peuvent se lire, mais de 20 à 50 lettres, c'est difficile.

PORTRAITS EN BISTRE

Collections de Portraits inédits ou rares de Personnages célèbres

REPRODUITS NOUVELLEMENT PAR LA GRAVURE

Publiés par VIGNÈRES, Md d'Estampes

Rue de la Monnaie, 13, à l'entresol, entrée rue Baillet, 1.

ALBANY (Louise-Max. de Stolberg, comtesse d').	Gravée par Varin.
AMOROS, colonel, fondateur de la gymnastique en France.	id.
ARGOUT (Antoine-Maurice-Apollinaire, comte d').	J. Porreau.
BABEUF (F.-N.-Gracchus), journaliste.	id.
BARÈRE (Bertrand), de Vieuzac, conventionnel.	id.
BEAUHARNAIS (comtesse Stéphanie de), poëte, romancière.	Sisco.
BERRUYER, général, commandant des Invalides.	J. Porreau.
BERTRAND DE MOLLEVILLE, marquis, ministre, littérateur.	id.
BIÈVRE (marquis de), célèbre auteur de calembours.	id.
BLANCHARD (Madeleine-Sophie-ARMAND, Madame), aéronaute.	id.
BONJOUR (Casimir), auteur dramatique.	id.
BORGHÈSE (Camille-Philippe-Louis), prince.	id.
BOSSUT (Charles), mathématicien.	id.
BRAZIER (Nicolas), auteur dramatique, d'après Marlet.	id.
BRISSOT (J.-P.), de Varville, conventionnel.	id.
CANCLAUX (J.-B. Camille, comte de), général, pair.	id.
CAYLA (comtesse de), née Talon, d'après le baron Gérard.	Massard.
CLOUET dit JANET, (François), peintre de portraits.	J. Porreau.
COCHON, comte de l'APPARENT, conventionnel, ministre.	id.
DEBUREAU, acteur des Funambules, Pierrot.	id.
DE FERMONT (comte), député, conseiller d'État.	id.
DEVIENNE, actrice, Théâtre-Français.	Normand.
DONADIEU, baron, général de division.	J. Porreau.
DORAT-CUBIÈRES-PALMEZEAUX, poëte, auteur dramatique.	id.
DROZ (Joseph), littérateur, académicien.	id.
DUCHESNE aîné, conservateur du cabinet des estampes.	id.
DUCOS (Roger), avocat, constitut., 3e consul provisoire.	id.
ÉLIE DE BEAUMONT, avocat au Parlement de Paris.	Devritz.
EMPIS (Adolphe), auteur dramatique.	J. Porreau.
EPAGNY (d'), poëte dramatique.	id.
FABRE DE L'AUDE (comte), député, pair, littérateur.	id.
FIEVÉE (J.), littérateur, auteur dramatique.	id.
FRÉRON (Louis-Stanislas), conventionnel.	id.
FROCHOT, comte, préfet, député.	id.
GARNERIN (A.-J.), inventeur du parachute.	id.
GARNERIN (Élisa), aéronaute.	id.
GAUDIN, duc de Gaëte, ministre des finances.	id.
GENLIS (A. Brulard, comte de), cap. des gardes, convent.	id.
GEOFFROY (J.-L.), critique, journaliste.	id.
GODOI (don Manuel), prince de la Paix.	Varin.
GOUFFÉ (Armand), chansonnier, vaudevilliste.	J. Porreau.

Guimard (Mademoiselle), danseuse.	J. Porreau.
Jouffroy (Théodore-Simon), professeur, académicien.	id.
Jousselin de Lasalle, homme de lettres.	id.
Kant (Emmanuel), philosophe allemand.	Bracquemond.
Lacalprenède (Gauthier de Costes, seign. de), romancier.	Varin.
Lainé (J.-H., vicomte), ministre et académicien.	J. Porreau.
Lamballe (princesse de), dess. d'ap. nature par Gabriel,	id.
Lasource (M.-David-Albin de), député du Tarn.	id.
Lavallière (L.-F. de la Baume, duchesse de).	id.
Lucotte (Edme-Aimé), lieut.-général, comte, né à Dijon.	id.
Marat, à la tribune, dess. d'après nature par Gabriel.	id.
Martin (Louis-Aimé), littérateur.	id.
Maurepas (J.-Fréd. Phelypeaux, comte de), ministre.	Varin.
Mazères (Édouard), auteur dramatique.	J. Porreau.
Mesmer, auteur du magnétisme animal.	id.
Mézerai, actrice, Théâtre-Français.	Normand.
Orléans, duc de Montpensier (Ant.-Philippe d'), 1773-1807.	J. Porreau.
Persuis (L. Loiseau de), musicien, d'ap. Pierre Guérin.	id.
Petiet (Claude), député, ministre de la guerre.	id.
Philidor (André-Danican), musicien, auteur du jeu d'échecs.	id.
Pilon (Germain), sculpteur, 1550.	id.
Pixerécourt (Guilbert de), fac-simile, d'après J. Boilly, in-4.	id.
Pongerville (Samson de), académicien.	id.
Pontus de la Gardie, général en Suède.	id.
Ramel-Nogaret, ministre des finances, préfet.	id.
Reveillère-Lepaux, botaniste, théophilanthrope.	id.
Robert-Lindet, député, conventionnel, ministre.	id.
Romme (Gilbert), conventionnel.	id.
Rouget de L'Isle, auteur de *la Marseillaise*, musicien.	Varin.
Saint-Huruge (marquis de).	J. Porreau.
Saint-Prix, acteur, Comédie-Française.	id.
Saint-Simon (Claude-H., comte de), philosophe.	Perrot.
Silvain Maréchal, poète et littérateur.	Devritz.
Tallien (Madame), née Cabarus, d'après le baron Gérard.	Massard.
Treilhard (J.-B., comte), député, ministre, etc.	J. Porreau.
Tronson du Coudray, avocat, du Conseil des Anciens.	id.
Vadier (A.), député aux États-Généraux.	id.
Vatout (J.), poète, académicien, bibliothécaire.	Varin.
Vigée (L.-G.-B.-E.), poète et auteur dramatique.	J. Porreau.
Cartouche (Louis-Dominique), fameux voleur.	Lallemand.
Mandrin (Louis), fameux contrebandier.	Delaistre.

Chaque portrait pouvant entrer dans un in-8° est tiré in-4°.
Avec la lettre, papier blanc, 1 fr.; papier de Chine, 1 fr. 25 c.
Avant la lettre, papier blanc, 1 fr. 50 c.; papier de Chine, 2 fr.
Dont il n'est tiré que 20 épreuves blanc et 5 Chine.

Afin de faciliter les recherches des Amateurs de portraits, soit pour les illustrations, soit pour les collections d'autographes ou autres, *deux Catalogues détaillés* de quelques collections de portraits qui peuvent se trouver chez moi, classés par ordre alphabétique, seront remis aux personnes qui en feront la demande affranchie.

Renou et Maulde, imprimeurs de la Compagnie des Commissaires-Priseurs, rue de Rivoli 144. 37517

				18 %	
payé	Springer	775.95	2,489	435,57 ⁷⁵	2054
payé	Flamet		232 50	41 75	190 75
payé	Gthaut		32 25	5 75	26 50
payé	Mahé		30 50	5 50	25
[illegible]	Picot	écrit à 200	25	4 50	20 50
	JSV	60 Nazareth 15.75	5		
		75	2814 25		

Matth. 8.

ESTAMPES

AU BURIN

ET EN MANIÈRE NOIRE

PAR LES PRINCIPAUX

GRAVEURS MODERNES

1 **Alès**. Sécurité. — Frayeur. — Un Soir d'été. — 3 sujets de baigneuses dans des paysages.

2 **Anderloni** et **Garavaglia**. L'Assomption de la Vierge, d'après *Titien*, magnifique ép. d'artiste avec les pieds de la Vierge et le bout de la clef blancs. Toute marge.

3 **Bal** (Jos.). Jeanne-la-Folle, d'après *Gallait*. Belle ép. encadrée.

4 — La Tentation de S. Antoine, d'après *Gallait*. Ep. avant la lettre sur Chine, superbe. (C'est le pendant de la Françoise de Rimini par Calamatta.) Toute marge.

5 **Barlow**. Les Sœurs de charité, d'ap. *Henriette Browne* et autre. Epr. manière noire.

6 **Beaugrand**. Saint Augustin et sa mère, sainte Monique, d'après *Ary Scheffer*. Belle épr. Toute marge.

7 **Beaugrand**. Le même avant la lettre, sur Chine. Superbe épr. toute marge.

8 **Bein**. Sainte Marie, d'ap. *Raphaël*. Belle épr. toute marge.

9 **Bernardi**. Madone, d'ap. *Sasso Ferrato*, épr. d'artiste (n° 6), signé *Bernardi*. Sup. toute marge.

10 **Bervic**. Enlèvement de Déjanire, d'ap. *le Guide*. L'Éducation d'Achille, d'après *Regnault*. 2 p. Superbes ép.

11 **Blanchard**. Portrait de Catherine de Bourbon, d'ap. *Rubens*, magnifique ép. avant la lettre, sur Chine, toute marge.

12 **Bridoux**. Louis-Philippe Ier, roi des Français, d'ap. *Winterhalter*. magnifique ép. d'artiste sur Chine, les noms à la pointe, signée *Bridoux*. Toute marge.

13 **Bromley**, d'ap. *Grant*, le Chasse de la Reine, très-grande pièce gravée à l'eau-forte, ép. avant la lettre. N'a pas été publiée. Très-rare.

14 **Brooks** (d'ap. Th.). The dream of hope. — The Saylor boy's dream of home. 2 p. Manière noire, par *Knight* et *Tomkins*.

15 **Calamatta**. Le Masque de Napoléon. Superbe ép. sur Chine, avec le timbre C.

16 **Claessens**. La Femme hydropique, d'après *Gérard Dow*. Ancienne et très-belle ép. Toute marge.

17 **Collier** (A.). Sainte Madeleine, d'ap. *Murillo*. Toute marge.

18 — La même, superbe ép. avant la lettre, sur Chine. Toute marge.

Lecanchain [illegible] 6.

Guenard. 10.

Gallehen [illegible] .0

Capdeville 3.5

Weigel 60

19 **Conquy**. La Vierge et saint Joseph retrouvant Jésus à la porte du Temple. Superbe ép. d'artiste sur Chine, les noms à la pointe. Toute marge.

20 **Corr** (Erin) 1839. Le Roi et la Reine des Belges, 2 portraits à mi-corps, d'ap. *Scheffer* et *Wappers*, Superbes ép. avant la lettre. Toute marge.

21 **Desmadryl**. Judith, d'ap. *Raphaël*. Très-belle ép. Toute marge.

22 — La même, superbe ép. avant la lettre, avec les armes. Toute marge.

23 — Les deux Roses, d'ap. *Lepaule*, superbe ép. sur Chine, avant la lettre, manière noire. Toute marge.

24 **Desnoyers**. Bélisaire, d'ap. *Gérard*. Ancienne et très-belle ép., avec le cachet à deux têtes.

25 **Dien**. Bataille d'Austerlitz, d'après *Gérard*. Superbe ép. sur Chine, avant toute lettre. Toute marge.

26 **Droehmer**. A la Fontaine, d'après *Werner*.— Burns et his Highland Mary, par *Chaut*, d'après *Dukes*. 2 p. manière noire.

27 **Estève**. Moïse frappant le rocher, d'ap. *Murillo*, Ancienne et très-belle épreuve encadrée, avec belle marge.

28 **Finden**. Interior of a Highlander cottage, d'ap. *Landseer*. — Oberwesel, d'ap. *Turner*. 2 p.

29 **Finden's**. Tableaux of national Character, Beauty and costume, 2 cahiers. 9 p. et texte in-4°.

30 **Flamet**. Vierge et Jésus, d'après *Murillo*. (Le tableau est dans le cabinet de M. Thiers.) Magnifique ép., avant la lettre sur Chine. Toute marge.

31 **Forster.** La Vierge au bas-relief, d'ap. *L. de Vinci.* Magnifique ép. sur blanc, très-piqué d'humidité.

32 — La Vierge à la légende, d'ap. *Raphaël.* Ancienne et belle ép. sur Chine. Toute marge.

33 — La même, superbe ép. avant la lettre sur blanc (nº 3). Toute marge.

34 — La même, magnifique ép. avant la lettre, sur Chine (nº 21). Toute marge.

35 — La Vierge de la maison d'Orléans, d'après *Raphaël.*

36 — La même, avant la lettre sur blanc (nº 126). Très-belle ép., avec dédicace signée *Forster.* Toute marge.

37 — La même, 6ᵉ ép. d'essai. Superbe, a été encadrée.

38 — Sainte Cécile, d'ap. *Delaroche*, magnifique ép. avant toute lettre sur Chine. *Forster 1840*, à la pointe seulement. Toute marge, signée par le graveur.

39 — Er ist Verschieden ! Christ en croix, d'après *Sébastien del Piombo.* Magnifique ép. sur Chine, signée *Forster.* Tout marge.

40 — Les Trois Grâces, d'ap. *Raphaël.* Toute marge.

41 — La même, ancienne et très-belle ép. sur Chine. Toute marge.

42 — La même, avant la lettre sur Chine (nº 44), signée *Forster*, a été encadré. Grande marge.

43 — Uranie, d'ap. *Raphaël.* Superbe ép. (5ᵉ d'essai) sur Chine. Toute marge.

Papillon 10

Papillon 1[illegible] Flamme 20

Papillon 15

F.

F.

F.

P.

c

F.

44 — La même, superbe ép. avant la lettre, Chine. Toute marge.

45 — Le portrait de Raphaël Sanzio, d'ap. lui-même, tiré de la galerie de Florence, ancienne et superbe ép. avant la retouche. Toute marge.

46 — Raphaël à 15 ans, tiré du musée de Paris. magnifique épreuve (4e d'essai). Très-rare. Toute marge.

47 — Portrait de Frédéric-Guillaume III, roi de Prusse. Superbe ép. lettre grise. Toute marge.

48 — Portrait de Louis Ier, roi de Bavière. Superbe ép. lettre grise. Toute marge.

49 — Le duc de Wellington en pied, d'ap. *Gérard*, 1814. Superbe ép. Toute marge.

50 **Franck** (J.). La Méditation, d'ap. *A. Robert*, magnifique épreuve avant la lettre, Chine. Toute marge.

51 **François** (Alphonse). Portrait du Titien. Superbe ép. avant la lettre sur Chine. Toute marge.

52 **Geille**. Portrait de Lafayette en buste, épreuve d'artiste. Le nom de l'artiste à la pointe seulement. Toute marge.

53 **Girard**. La Veuve du Marin, d'après *Scheffer*. Superbe ép. d'artiste sur Chine, les noms à la pointe. Toute marge.

54 **Godefroy** et **Aubert**. Portraits des modèles de Raphaël, d'ap. les dessins de *Desnoyers*. 8 p. La Fornarina et autres.

55 **Hacker**. Higland shooting pony. — Le Départ pour le marché. — L'Orage pendant la moisson, par *Jazet*. 3 manière noire.

56 **Heath** (Charles), etc. Vignettes pour diverses illustrations sur Chine, avant et avec la lettre. 10 p.

57 **Hemery**. L'Amour indiscret? d'après *Lebel*. Superbe ép. avant la lettre, le médaillon blanc. Grande marge.

58 **Holl** (F.). Galatea, d'ap. *W. E. Frost*, jolie pièce ovale. Très-belle ép. Toute marge.

59 **Holl** (W.). Hopes and Fears home. — The Return. 2 p. d'après *Jonkins*. Au pointillé et burin. Très-belles ép.

60 **Jazet**. Combat de Nazareth, le général Junot défait l'armée turque. Suberbe ép. avant la lettre. Rare. Très-grand in-fol.

61 **Laugier**. Mater Dei, d'après *Raphaël*. Superbe ép. avant la lettre, Chine. Toute marge.

62 **Lefèvre** (A.). Portrait du général Foy, d'après *H. Vernet*, ép. avec les noms d'artistes à la pointe seulement. Toute marge.

63 **Lefèvre** et **Leisnier**. Procession de la Fête-Dieu à Saint-Germain-l'Auxerrois, d'ap. le comte *Turpin de Crissé*. Superbe ép. sur Chine avant la lettre. Toute marge.

64 **Leisnier**. Portrait de Marc-Antoine, d'après *Raphaël*. Toute marge.

65 — La Fornarine, d'ap. *Raphaël*. Magnifique ép. sur Chine, signée *Leisnier*. Toute marge.

66 **Leroux**. La Vierge à l'Étoile, d'ap. *Pinturicchio*. Superbe épreuve avant la lettre, sur blanc. Toute marge.

67 — La Vierge de Parme, d'ap. *Corrége*, réduction. Épreuve d'artiste sur blanc.

68 — La même. — La Reine des Cieux, d'après *Steinle.* 2 p. Superbes ép. sur Chine, avant la lettre. Toute marge.

69 — Sainte Catherine, d'après *Raphaël.* — Sainte Thérèse, d'après *Gérard.* 2 p. avant lettre sur Chine. Toute marge.

70 — Sainte Thérèse, avant la lettre sur blanc.

71 **Levy.** Portrait de Rembrandt (n° 46). Très-belle ép. avant la lettre.

72 — Edelinck, d'ap. *Rigaud.* Belle ép.

73 **Lignon** (Fréd.). Sainte Cécile, d'ap. *Dominiquin.* Ancienne ép., a été encadrée.

74 — Talma, d'ap. *Picot*, avant la lettre.

75 **Longhi.** La Madonna del Lago, d'ap. *Léonard de Vinci*, pièce ronde. Très-belle ép. Toute marge.

76 — Mariage de la Vierge, d'après *Raphaël.* Ancienne et superbe ép. avant les noms du peintre sur le monument. Toute marge.

77 **Louis** (Aristide). L'Innocence, d'ap. *Greuze.* Très-belle ép. avant la lettre sur blanc (n° 26). Encadrée, avec belle marge.

78 — La Vierge au lis, d'après *Léonard de Vinci.* Superbe ép., état de la planche à la mort du graveur, sur Chine. Toute marge.

79 **Ludy.** Jésus et saint Jean écoutant un concert d'anges. — Triomphe de Jésus sur le mouton de saint Jean. 2 jolies compositions d'après *Mintrop.* Très-belles ép.

80 **Martinet** (Achille). Jésus et la femme adultère, d'ap. *Signol.* Magnifique ép. avant la lettre sur Chine. Toute marge.

81 **Martinet**. Portrait en pied du chancelier Pasquier, d'ap. *H. Vernet*. Magnifique ép. d'artiste sur Chine, signée *Martinet*. Toute marge.

82 — Les comtes d'Egmont et de Horn morts, d'ap. *Gallait*. Magnifique ép. avant la lettre sur Chine, signée *Martinet*. Toute marge.

83 — Le comte d'Egmont avant d'aller au supplice, d'ap. *Gallait*. Magnifique ép. avant la lettre sur Chine, signée *Martinet*. Toute marge.

84 — Le Tintoret et sa fille, d'après *Léon Cogniet*, tiré du musée de Bordeaux. Toute marge.

85 **Masquelier**. La Piété filiale, d'après *Vicar*. Avant et avec la lettre. 2 belles ép.

86 **Metzmacher**. Le portrait de Philippe de Champagne, d'ap. lui-même. Toute marge.

87 — Le même, magnifique épreuve sur Chine. Toute marge.

88 — Sainte Marguerite, d'après *Raphaël*. Superbe ép. avant la lettre sur Chine.

89 — La Vierge au linge, d'après *Raphaël*, sert de pendant à la sainte Amélie de Mercury.

90 — La même. Superbe ép. d'artiste sur Chine, le nom de *Raphaël* seulement à la pointe.

91 **Michiels**, Anvers, 1858. Pierre-le-Grand à Zaandam, d'ap. *G. Wappers*. Superbe ép. Chine. Toute marge.

92 **Migneret**. Molière consultant sa servante. — Molière mourant. 2 p. d'ap. *H. Vernet* et *Vafflard*. Très-belles ép. Toute marge.

Papillon 6

[illegible] 8

Lecanhe 3,

[illegible]enaud 6

[illegible]illon 00

Evans

Capdevila 6

Weigel 150 Capdevila 240

F.

93 **Morghen** (Antoine et Raphaël). La Transfiguration, d'ap. *Raphaël.* Très-rare ép. non terminée, avec le Christ au trait et avant beaucoup de travaux. Toute marge.

94 **Morghen** (Raphaël). La Cène, d'ap. *Léonard de Vinci.* Ancienne et belle ép.

95 **Mosse.** The Village festival, d'ap. *Wilkie.* Magnifique ép. ancienne, encadrée. Belle marge.

96 **Mouilleron.** Stradivarius, d'après *Hamman.* Superbe lithographie sur Chine, avant la lettre. Toute marge.

97 — La Ronde de nuit, d'ap. *Rembrandt.* Ép. sur Chine. Toute marge.

98 **Muller** (Frédéric), 1808. Saint Jean l'évangéliste, d'ap. *Dominiquin.* Belle ép.

99 — La Madonna di S. Sisto di *Raphaëllo.* Magnifique ép. ancienne. Toute marge.

100 **Pauquet.** Abdul-Medjid, Clovis I, Louis XI, Louis XVI, Napoléon II, Nicolas I, 6 portraits en pieds. Très-belle ép. Chine.

101 **Picart** (B.). Renaud et Armide. Belle ép.

102 **Posselwhite.** Les Filles d'Ève, Péché mignon — le Nid aux secrets — l'Écouteuse — l'Oracle des champs. 4 p. d'ap. *Vidal.* Charmantes pièces.

103 **Pradier.** Jésus donnant les clefs à saint Pierre, d'après *Ingres.* Superbe ép. avant la lettre, toute marge.

104 **Prevost.** Corinne au cap Misène, d'ap. *Gérard.* Ép. d'artiste sur Chine, les noms à la pointe.

105 — Cours de politique, d'ap. *Charlet.* Manière noire.

106 **Reynolds** (S. W.). Bataille de Sédiman, d'ap. *Géricaut*. Manière noire très-belle, toute marge.

107 **Richomme**. La Vierge au Silence, d'ap. *An. Carrache*. Sup. ép. avant la lettre sur blanc (n° 83), toute marge.

108 — La même, dernière ép. d'essai, avec la remarque en haut, à droite, dans la marge; a été encadrée. Grande marge.

109 — La Vierge au livre, d'ap. Raphaël. Belle ép.; a été encadrée. Belle marge.

110 — La même. Superbe ép sur Chine.

111 — Sainte Famille, d'ap. *Raphaël*. Magnifique ép. d'artiste avant toute lettre, toute marge. Cette pièce est terminée par *Dien*.

112 — 1833. Danaé et son fils Persée exposés à la merci des flots. Sup. ép. d'artiste, les noms à la pointe, toute marge.

113 — Portrait de Marc-Antoine. Sup. ép. sur Chine, signée *Richomme*. Toute marge.

114 **Simmons**. The Mother's blessing — Strictly confidential. 2 p. manière noire.

115 **Simonnet**. Jésus donnant les clefs à saint Pierre, d'ap. Ingres. Rare épreuve d'eau forte pure.

116 — François Ier et Charles Quint visitant saint Denis, d'ap. Gros. Rare ép. d'eau-forte pure.

117 — Sainte Cécile, d'ap. Delaroche. Rare ép. d'eau-forte pure avant l'indication de l'encadrement.

118 — La Vierge de la maison d'Orléans. d'ap. *Raphaël*. Rare ép. d'eau-forte pure.

119 — Louis-Philippe Ier, d'ap. *Winterhalter*. Rare ép. d'eau-forte pure.

Capdeville 10

Weigel 50

Capdeville 10.

F

F

Le Bucheron ? F

F

F

F

Lecauchon 3 57 F

F

120 — Le comte d'Egmont avant d'aller au supplice, d'ap. *Gallait*. Rare ép. d'eau-forte pure.

121 — Les comtes d'Egmont et de Horn morts, d'ap. *Gallait*. Rare ép. d'eau-forte pure.

122 — Le Tintoret peignant sa fille morte. Rare ép. d'eau-forte pure.

123 — Le Christ et la femme adultère, d'ap. *Signol*. Rare ép. d'eau-forte pure.

124 — Alexandre et Roxane. Rare ép. d'eau-forte pure, sur Chine.

125 — Eug. Beauharnais, Henri IV; Jefferson, masque de Napoléon. 4 ép. d'eau-forte pure.

126 **Sixdeniers**. Mort de Raphaël, d'ap. *Bergeret*. Magnifique ép. d'artiste sur Chine, les noms à la pointe, signée *Sixdeniers*.

127 — Ali Pacha et Vasiliki, d'ap. *Colin*. Manière noire. Magnifique ép. d'artiste, les noms à la pointe, toute marge.

128 **Stone** (d'ap. F.) Sympaty, par *Atkinson* — The gentle Warning, par *S. Bellin*. 2 p. manière noire.

129 **Toschi** lo Spasimo di Sicilia, d'ap. *Raphaël*. Ancienne et très-belle ép. toute marge.

130 — la discesa della Croce (Descente de croix), d'ap. *Daniel de Volterre*. Ancienne et très-belle ép. toute marge.

131 **Turner** (d'ap.) et **Stottard**. Vignettes pour les poëmes de S. Rogers. 15 p.

132 **Vallot**. Napoléon aux Pyramides, d'ap. Gros. Sup. ép. avant la lettre sur Chine (n° 23), ex dono signé. Belle marge; a été encadrée.

133 **Walker**. Portrait de Walter Scott. Sup. ép. sur Chine, lettre grise.

134 — Le même, avec la lettre, sur blanc.

135 **Weber**. Portrait de Jules Romain. Belle ép.

136 **Verner**. Spielende hunde (chiens se disputant une ombrelle). — Enfants gardant et dérobant d gibier, par *Kœnig* et autre. 3 p. manière noire.

137 **Whithfield**. La bella del Domenichino, d'ap. lui-même. Très-belle ép. toute marge.

138 **Galerie Aguado**. Saint François d'Assises, Jacob chez Laban, d'ap. Murillo et autres. 4 p.

139 **Gavard**. Galerie de Versailles, in-8, tome VII. Connétables et maréchaux de France. 140 portraits en pied, vol. en toile.

140 — Galerie de Versailles; sujets et portraits. 24 p.

141 **Vignettes** diverses pour les Contes de Lafontaine; la Chaumière indienne, Rousseau et autres, par H. Dupont, d'ap. Johannot et autres, la plupart avant la lettre sur Chine. 27 p. Pourra être divisé.

142 — d'ap. Stephanoff et autres. 7 p. Beauty,

143 — Vues d'Italie, Suisse, etc., d'ap. Prout, Bonington et autres, la plupart Chine avant la lettre. 24 p. in-4.

144 — Illustration pour un an à Paris. Charmantes compositions, d'ap. Eug. Lami. 20 p.

145 **Divers**. Levée du siège d'Orléans, par Audibran d'ap. Scheffer — Elie, d'ap. Owerbeeck et autres. 4 p.

10 Polichinelle

12.50 le bon vieux temps

[illegible]

LITHOGRAPHIES

146 **Alfred de Dreux** (d'ap.). Victor Adam et autres. 9 p. sujets de chevaux et chasses, coloriés.

147 **Benoist** et **Jacottet**. Vue de Paris coloriées. 10 p.

148 **Bida** et **Barbot**. Souvenir d'Égypte. 16 p. à 2 tons.

149 **Champin**. Excursion de la Grande-Chartreuse. 38 pl. lithographiées.

150 **Champin** (Élisa). Paniers de fleurs et fruits. 4 pièces en couleur très-belles.

151 **Desmaisons**, etc. Fidélité, Innocence en couleur et autres sujets d'enfants. 5 p.

152 **Dubouloz**. Sujets de Pierrots — et scènes de la guerre d'Orient, par divers. 8 p. coloriées.

153 **Gagarin** (d'ap. le Prince). Costumes du Caucase. 63 p. coloriées.

154 **Grobon** (Eug.). Nature morte, Poissons. 12 p en noir. 4 sujets différents.

155 **Jolimont** (T. de). Les principaux édifices de la ville de Rouen en 1525, reproduit en fac-simile d'après le livre des Fontaines. 48 pl. coloriées et texte in-4. Rouen, 1845.

156 **Lalaisse** et autres. Batailles et Combats de la guerre d'Italie. 9 p.

157 **Lauvergne**. Etudes de Marines, noir et couleur. 12 p.

158 **Le Breton**. Marines diverses. 10 p coloriées.

159 **Noël** (A.). Souvenirs du Poitou et de l'Anjou. 15 p. lithog. et texte grand in-4.

160 **Ornements** de Riester et d'ap. Reynard. 36 p.

161 **Photographie**. Polonia 1863, d'après les dessins d'Arthur Grottger. 9 p. Sup. compositions.

162 — d'ap. Raphael, Corrége, Van Dyck, Greuze, etc. 23 p. Pourra être divisé.

163 **Portraits**. Napoléon III et ses généraux, etc. 23 p.

164 **Shaw** (Henri). Specimens on ancient Furniture, Meubles divers, lits, tables, etc., d'ap. les anciens objets existants. 72 p. Plusieurs coloriées et texte in-4.

165 **Sweback** Inconvénients de la chasse, coloriées, Vol du Héron. 5 p.

166 **Terry**. Lac de Brientz.— Glacier de Rosenlaui.— Chute de la Sallanches.— Rives du lac de Genève, côtes de Savoie. 4 grandes et belles lithogr. sur Chine.

167 **Turpin de Crissé** (comte). Souvenirs du vieux Paris. 30 p. sur Chine et texte. Complet.

168 **Villa-Amil** (d'ap. de). Vues d'Espagne, lithog. par divers. 25 p. à deux tons.

169 **Voyage aérien en France**, vues à vol d'oiseau d'Alençon, Arles, Avignon, Blois, Bordeaux, Brest. 2 différentes, Chartres, Elbeuf, Évreux, Gap, le Havre, Laon, Laval, Lille, Lons-le-Saulnier, Lyon 2 diff., Saint-Étienne. Macon, Montpellier, Nantes, Nimes. Paris 2 diff., Saumur, Toulon 2 diff., Toulouse, Tours, Troyes, etc. 40 p.

Cuyp dessillé à 2 /
6 p. 2 Greuze
2 V. Dyck
2 Corrège   Lecanchois 2,

Lecanchois 0 50

Lecauchois 8

Lecauchois 3.25

170 Vues à vol d'oiseau d'Italie, France, Paris. **24** p.

171 Vues à vol d'oiseau d'Italie, France, Genève. **32** p. coloriées.

172 L'Italie et les Pays-Bas, à vol d'oiseau, etc. **17** p.

173 Meubles et armes du moyen âge. **140** p. sur Chine. Pourra être divisé.

174 Moyen âge pittoresque — Moyen âge monumental et archéologique. - Plusieurs lots.

175 Grandes Études aux deux crayons en noir et en couleur, par Fanoli, Fuhr, Julien et autres. **34** p. 3 lots.

176 **L'Artiste**. Gravures et lithographies. **61** p.

177 **Divers**. Sujets de genre et paysages coloriés. **10** p.

178 — Sujets et paysages, plusieurs sur la feuille. **20** p. coloriées.

179 — Bals de Paris coloriés, la Rosée du matin, d'ap. Prudhon, et Felon, etc, **11** p.

180 — Sujets de genre, Coquin d'Amour et autres. **8** p. coloriées.

181 — Sujets maternels et autres. **13** p.

182 — Chiens, Chasses, Gibiers, Nature morte. **20** p. coloriées.

183 — Guerre d'Orient et d'Italie. **11** p. coloriées.

184 — Sujets religieux d'ap. Raphaël, Murillo et autres par divers. **13** p. noir et couleur.

185 — Têtes de Vierges et autres sujets religieux, d'ap. Murillo et autres. **10** grandes p.

186 — Costumes d'enfants suisses, gravés. **20** p. coloriées.

187 — Cathédrales célèbres in-8. **10** p.

188 — Vues et autres sujets. 42 p. 2 lots.

189 — Sous ce numéro, plusieurs lots de lithographies et autres, en noir et en couleur, non catalogués.

TABLEAUX

190 ÉCOLE FLAMANDE. La Cène, grande composition à l'huile sur toile, sans châssis.

191 — Diane et Actéon, entourés de six nymphes. Très-grande composition gracieuse à l'huile, sur toile, sans châssis.

192 BOTH. Le Bac, paysage à l'huile sur bois. Ancien tableau attribué.

193 GAUERMANN. Le Braconnier, Pâturage, Postillon. Tir à la Cible, le Bac. 5 lithog. coloriées montées sur châssis, imitation de peinture.

194 THOMAS. Naufrage — Secours aux naufragés. 2 tableaux à l'huile sur toile, encadrés.

~~195~~ Vues de Naples, le Port. Éruption du Vésuve. 4 peintures à l'huile.

~~196~~ — Vues du port de Naples et Éruption du Vésuve. 4 peintures à l'huile, plus grandes.

RENOU et MAULDE, imprimeurs de la Compagnie des Commissaires-Priseurs, rue de Rivoli, 144. 37517

32	Etranger	3	10
10			80
53	France	2	65
42	Paris et France	2	10
42	—	2	10

600	[illegible]	99
75	[illegible]	22 75

[illegible] Largiers

Chemises 3

transport al hotel 5

12	Louis Philippe 1.	Quenardel	11	.
15	Carmontelle	[illegible]	14	.
2[illegible]	[illegible]	[illegible]	60	
40	les 3 [illegible]	Papillon	0	50
41	les 3 grâces	[illegible]	[illegible]	.
52	Lafayette		.	.
58	[illegible]	[illegible]	8	.
62	g[al] Foy	Quenardel	4	0
63	la [illegible] Diaz		5	.
77	[illegible]	Achet	21	.
7[illegible]	Leeby	Evans	[illegible]	[illegible]
71	Carpier		1[illegible]	.
85	[illegible]	[illegible]	9	.
86	[illegible]	[illegible]	[illegible]	50
108	[illegible]	Capdevill	6	.
117	St Cecil	Capdevill	4	.
122	Tintoret	[illegible]	2	.
139	Canon		7	.
141	[illegible] vignette	[illegible]	1	.
151	5 Enfans		4	25
155	jacinon	[illegible]	24	.
162	[illegible] photographie	Capdevill	3	.
169	40 [illegible]		1[illegible]	50
	20 [illegible]	[illegible]	4	.
175	2 [illegible]		2	.
183	15 [illegible]		9	.

260 75

1[illegible]

380

www.ingramcontent.com/pod-product-compliance
Ingram Content Group UK Ltd.
Pitfield, Milton Keynes, MK11 3LW, UK
UKHW021523260726
13993UKWH00004B/1844

9 782329 533476